AF253950

LAMPE MERVEILLEUSE

ET RÉFLÉCHISSANTE

POUR LIRE

LE DIABLE RÉVOLUTIONNAIRE

De M. le comte REINILOM de SNERUAB

**Recommandée aux annonçateurs, vendeurs, lecteurs,
défenseurs ou apologistes,
admirateurs et panégyristes de cet ouvrage.**

Aux lueurs de cette Lampe, les myopes, les presbytes, les louches, les borgnes et même les aveugles voient parfaitement les curiosités, les merveilles, les prodiges, les miracles *vrais, évidemment vrais* du *Diable révolutionnaire* et le grand talent de son illustre auteur, le comte REINILOM de SNERUAB,

Par le P. P. ÉTRANGER ou R. P. CALATRAVA

MINIME ESPAGNOL, AUMONIER DE L'ARMÉE CARLISTE

> « *Volentes esse legis doctores, non intelligentes neque quæ loquuntur, neque de quibus affirmant.* »
>
> (1ª Ad Timoth. 1. v. 6.)
>
> « Qui veulent être docteurs de la loi et ne comprennent pas ni ce qu'ils disent, ni ce qu'ils affirment. »
>
> *Putant quòd in multiloquis exaudiantur.*
>
> Ils pensent qu'en parlant beaucoup on les croira.

EN VENTE

CHEZ L'AUTEUR, RUE PHARAON, 27

—

1874

INTRODUCTION

C'était vers la fin du mois de septembre ou au commencement d'octobre de 1873. Le comte Reinilom de Sneruab s'était amusé, pendant quelques mois, à traduire un manuscrit espagnol, — malheureusement pour lui et pour d'autres il connaît la langue espagnole, — manuscrit qui n'aurait jamais eu l'honneur d'être traduit ni publié même en Espagne. C'était le journal ou l'histoire d'une pauvre fille possédée, his toire que son exorciste avait écrite pour lui-même, et qui, renfermant encore bien de choses à reprendre et à corriger, n'aurait jamais été imprimée en Espagne telle quelle.

Mais M. le comte Reinilom de Sneruab, ne s'apercevant pas du tout des graves inconvénients de la publication de cette histoire, avait consenti à la tentation de la livrer au public dans l'état où elle se trouvait.

Parmi les quatorze démons qui avaient tourmenté la possédée et qui peut-être n'était qu'un seul, l'œil perçant de M. le Comte en avait découvert un qu'il avait cru pouvoir baptiser sous le nom de *Diable révolutionnaire*, diable jusqu'alors tout à fait inconnu.

Cette heureuse découverte fournit à M. Reinilom de Sneruab la belle occasion d'exhumer son grand talent, jusqu'alors enfoui, et de l'utiliser pour combattre à outrance la *Révolution* moderne et ses suppôts; mais ne voulant pas s'y engager inconsidérément, il se mit à réfléchir sérieusement, et ce ne fut qu'après des méditations très-mûres, aussi mûres que les coins du mois de juin, qu'il se mit à son œuvre. Alors, *calamo currente* et sans que rien pût plus l'arrêter, M. le comte ajouta de son crû à l'histoire de la possédée un autre titre différent, c'est-à-dire le titre de *Diable révolutionnaire*, en outre une espèce d'avis au lecteur et une espèce d'introduction assez-trop longue, en outre une espèce de conclusion, et un autre espèce de résumé en forme d'épilogue ou en forme d'une espèce de catéchisme de Satan, et après toutes ces espèces de pièces, il lui en ajouta encore deux qu'il lui a plu d'appeler pièces justificatives, et qui, justificatives ou non, elles sont hors de leur place. Puis, afin que cet ouvrage, composé de tant d'espèces de pièces fût reconnu mieux comme le *Diable révolutionnaire*, M. le comte lui afficha pour épigraphe la malédictiction suivante qui fait presque trembler : *Diabolus stet à dextis ejus*. Que le diable se tienne debout à sa droite. Enfin il le fit habiller en papier dont la couleur est le symbole du feu de l'enfer ou de la *Révolution*, et le fit annoncer.

Un journal fort renommé en France en fit la première annonce en disant que c'était un ouvrage destiné à produire une très-grande sensation à cause des considérations très-élevées que le grand talent de son auteur avait tirées des entrailles même des faits diaboliques en question, et il en était tellement charmé qu'il avouait qu'il ne trouvait pas assez de termes pour en faire l'éloge.

D'autres journaux se croyaient fort heureux de pouvoir reproduire dans leurs colonnes le bel article de son premier panégyriste. La *Semaine catholique de Toulouse,* le *Rosaire de Marie de Lyon,* etc., etc., l'annonçaient aussi et le recommandaient aux fidèles avec un grand intérêt..

Dès que ce prétendu bel ouvrage eut paru, plusieurs personnes s'adressaient au Père Étranger en lui demandant son avis ; celui-ci qui n'aime à tromper personne et qui, par sa profession de religieux et par sa dignité de prêtre, doit combattre certaines erreurs, leur disait avec toute sa franchise un peu, un peu seulement de tout ce qu'il en pensait et savait.

Les réponses du Père Étranger furent sans doute rapportées à quelqu'un qui ne les trouvant pas de son gré, lui envoya trois fois des commissionnaires pour lui faire ses plaintes et le menacer en même temps de le mener au *parquet,* de le faire sortir de Toulouse, etc., etc. Après les commissionnaires, trois lettres signées lui furent adressées, dans le même sens à peu près. Ensuite un jeune ignorant hardi prit sur lui d'aller trouver le Père Étranger pour le convaincre d'erreur avec des arguments dont il venait de faire la découverte dans l'Ecriture sainte ; mais il lui arriva qu'y étant allé et voulant avancer, il roula par terre, c'est-à-dire subit une assez bonne défaite.

Après tout cela quelqu'un s'est amusé à écrire des anonymes et à les adresser à tous les prêtres de l'*Espagne catholique*, non par la poste, mais par des personnes inconnues, qui, les laissant tantôt dans une maison, tantôt dans une autre, déguerpissaient à la hâte pour n'être pas connues ou interrogées.

Enfin, dernièrement on en a envoyé un au Père Etranger, conçu dans les termes suivants : « Vous, prêtres de l'Espagne catholique, qui faites un monopole de la théologie, auriez-vous la complaisance de nous dire tout net et par écrit ce que vous pensez et dites du *Diable Révolutionnaire?* Si vous avez le courage de le faire adressez votre manuscrit à nos professeurs du séminaire et à Monseigneur si vous voulez, et vous vous entendrez dire une bonne fois : *Et nunc sacerdotes Hispani intelligite et crudimini....* »

Voilà ce qui a obligé le Père Étranger à faire l'abrégé suivant qu'il recommande à M. l'Anonyme-hardi, et à tous les lecteurs du *Diable révolutionnaire.*

RÉPONSE A M. L'ANONYME-HARDI

Vous voulez donc, M. l'Anonyme-hardi, que je vous parle par écrit et que je vous dise tout net ce que j'ai trouvé à reprendre dans le prétendu bel ouvrage du comte Reinilom de Sneruab! Ah! si je pouvais faire imprimer la brochure de plus de 300 pages que j'ai faite à ce sujet, votre désir serait bientôt satisfait. Mais, cela ne m'étant pas possible, pour le moment, contentez-vous de l'abrégé que je vais faire tout exprès pour vous et pour tous les lecteurs du *Diable révolutionnaire*. Voici tout ce que j'en ai dit et que je répète encore sans omettre mon humble nom et sans l'écrire à l'envers.

L'ouvrage en question n'est pas autre chose qu'une œuvre hors ligne qui s'écroule d'elle-même par sa base, une mixture merveilleuse de hablerie pleine d'ignorance et de hardiesse, où le *oui* et le *non* sont une même chose, où le *vrai* et le *faux* ne diffèrent en rien où le *possible* et l'*impossible* ont le même sens, où le *probable* et le *certain* sont synonymes. C'est un *multiloquium* de principes à l'envers, et de doctrines au rebours, un *vaniloquium* de déraisonnements les plus visibles, une espèce de pièce confectionnée de plusieurs espèces de pièces de différentes étoffes cousues pêle-mêle avec du fil de toutes les couleurs, un *salmigondis* parsemé de bêtises et de sottises les plus pitoyables, de contradictions et d'absurdités les plus palpables, de témérités et d'aberrations les plus visibles, de blasphêmes et d'hérésies les plus déplorables ; c'est enfin, un arsenal où les incrédules et les impies trouveront des armes pour soutenir leur incrédulité et leur impiété, et pour induire en erreur les naïfs et les ignorants.

Pour justifier mes assertions, toutes exagérées qu'elles puissent paraître à qui que ce soit, je n'ai pas besoin d'être un théologien accompli, ni de mettre en jeu les artifices du sophisme. Je n'ai qu'à mettre sur mon nez les lunettes du bon sens et de la bonne foi que, Dieu merci, je possède et que j'ose recommander à mes lecteurs.

Avant que d'ouvrir le sac, essayons de le juger sur son étiquette. Le *Diable révolutionnaire*. Voilà son titre ! voilà le premier échantillon. Pauvre ouvrage ! c'en est fait de lui ! La base détruite, tout l'édifice tombe en ruines. Quel dommage ! tant de mois pour l'élever et tout d'un coup il tombe tout à la fois. Comment cela? C'est qu'il était bâti sur le *Diable révolutionnaire*, et ce diable, mécontent du poids de cet adjectif dont il n'avait nul besoin pour exprimer sa méchanceté, s'en est vengé. Son architecte l'a surchargé d'un poids qu'il ne voulait pas supporter et il l'a renversé.

Vous n'y voyez encore goutte M. l'*Anonyme-hardi*, n'est-ce pas? *Adhuc et vos sine intellectu estis?* Ecoutez-moi donc, je vais vous donner ma première leçon.

Diable veut dire, celui qui renverse, qui divise, qui abat et ruine. A quoi bon lui ajouter le qualificatif *révolutionnaire?* C'est là un pléonasme d'où la logique qui est fort sévère, inflexible, impitoyable tire ces conséquences : donc il est des diables qui ne sont pas révolutionnaires; donc il y a des diables qui ne sont pas diables. Encore d'autres conséquences, M. l'Anonyme-hardi, patientez. Donc toute cette kirielle d'avis au lecteur, introduction, conclusion, résumé, épilogue, catéchisme de Satan n'est qu'un édifice bâti sur une base fausse, une œuvre hors de ligne, qui s'écroule sans que son architecte puisse la soutenir; donc son auteur aura beau faire pour justifier ce titre, il ne réussira jamais; donc il ne fera que parler à tort et à travers, donc il ne fera que dirè des bêtises, etc., etc.

Mais *dato et non concesso* qu'il y eût un diable qu'on puisse appeler *révolutionnaire,* quel rapport y aurait-il entre ce diable et l'histoire de la possédée? Pas du tout, ce seraient toujours deux titres différents tout à fait. Par conséquent toutes ces espèces de pièces que M. Reinilom de Sneruab a ajoutées de son crû à cette histoire, ne sont qu'un *salmigondis* fort bizarre, Son auteur lui-même n'en doit pas être fort satisfait, lorsqu'à la page 119, il nous dit pour se tirer de cet embarras : « Nous allons répondre d'une manière aussi péremptoire que possible à ces questions. » Trop péremptoire! M. le comte, trop péremptoire! Pitoyables raisons que celles que vous nous donnez. Vous ne faites qu'aller par les quatre chemins, et cependant vous vous donnez les violons en nous disant : Par conséquent, le titre de *Diable révolutionnaire* donné à ce livre est parfaitement justifié. Justifié! parfaitement! quelle naïveté! ce serait là un miracle plus vrai que tous les miracles de votre diable.

Et que vous dirai-je, M. l'Anonyme-hardi, de cet épigraphe si piquant que M. le comte a choisi pour son *Diable révo-*

lutionnaire? Diabolus stet à dextris ejus. Que le diable se tienne debout à sa droite. Quelle malédiction ! Mais sur qui doit-elle retomber ? A quelle droite doit se tenir debout le diable ? A la droite de Carmette ? Pauvre jeune fille ! A la droite du clocher de Saint-Sernin ? Mais qu'y fera ce diable ? Savez-vous de quelle droite veut nous parler M. Reinilom de Sneruab ? Mais le sait-il lui-même ? O mon Dieu ! de quoi n'est pas capable un homme qui ose parler sans savoir ce qu'il dit ! Il est capable de profaner les texte les plus sacrés.

Et la couleur de la couverture n'a-t-elle rien de mystérieux ? On dit que cette couleur lui a été donnée, comme le symbole du feu de l'enfer et de la *Révolution. Risum teneatis, amici?* Mais non, ne riez pas, il faut plutôt pleurer.

Et ce nom si bizarre de l'auteur ? Mais brisons là ; laissons-le tel qu'il est, car.... *Latet anguis sub herba* et l'on succomberait, peut-être, à la tentation de m'entraîner au *parquet.*

Jusqu'ici, M. l'Anonyme-hardi, nous n'avons fait que juger le sac sur son étiquette, et si, comme l'on dit en Espagne, un bouton suffit pour échantillon, que dirait-on à la vue de tant et de pareils boutons? On dirait, comme l'on dira même en France, que j'ai déjà justifié suffisamment une très-grande partie de mes assertions. Mais je vous l'ai promis et je tiens parole; je vais les justifier jusqu'à l'évidence. Continuons.

Ouvrons maintenant ce livre et ouvrons-le au hasard, car, de bout à bout nous trouverons dans presque toutes ses pages des arguments les plus convainquants. Page 120. Ici, M. le comte nous dit de tout son sang-froid, qu'un lecteur attentif pourra recueillir de ses considérations une vraie morale, et des enseignements dogmatiques les plus sérieux. Attention donc et recueillons la vraie morale et les enseignements dogmatiques que M. le comte nous promet avec tant d'assurance.

Premier enseignement, p. 8. Son auteur, après avoir pondéré la puissance des démons et l'avoir poussée jusqu'au blasphème, jusqu'à l'hérésie, nous dit : Néanmoins, il est probable, qu'ils ne peuvent en user sans la permission de Dieu. Probable? Debout! M. l'Anonyme-hardi, comptez là-dessus. Et plus tard, hélas! trop tard! à la page 130 il nous encourage à résister de toutes nos forces au diable parce qu'il ne peut rien contre nous sans la volonté de Dieu M. l'Anonyme-hardi, ramassez encore celle-ci, ne la laissez pas tomber ; mettez-là à côté de l'autre et vous aurez recueilli deux enseignements dogmatiques les plus sérieux sur la puissance du démon contre nous. L'un vous enseigne qu'il est probable et l'autre qu'il est certain que le démon n'en peut faire usage sans la permission de Dieu. Et toutes ces contradictions, et toutes ces.... s'écrivent, s'impriment, s'annoncent, se vendent, se recommandent, et sont l'objet des plus grands éloges et des félicitations des grands hommes de la France! Pauvre France! pauvre France! j'ai bien piété de toi.

Autres enseignements de M. le comte, p. 18. Le scapulaire de Mont-Carmel fait découvrir la possession de Carmette. Est-cé vrai? Mais *transeat ;* page 124, s'adressaut à saint Joseph dans l'oratoire du presbytère, le démon dit : Vous ne pouvez nous chasser, si Dieu et la sainte Vierge ne vous aident. Et page 121. La possédée est guérie en se vouant à saint Joseph et en revêtant ses livrées. A-t-elle été guérie? Mais *transeat.* Mais par qui? Par la sainte Vierge dont elle portait le scapulaire et sans l'aide de laquelle on ne pouvait chasser le démon, ou par saint Joseph dont elle avait revêtue les livrées? M. l'Anonyme-hardi, accommodez cela si vous pouvez, pour moi, je m'en avoue incapable.

Autre enseignement dogmatique bien, très-sérieux. Venez, M. l'Anonyme-hardi; venez, vous aussi, admirateurs, apologistes et panégyristes du *Diable révolutionnaire* et du grand talent de son auteur, et vous aussi, hommes très-intelligents et très-savants et les plus éminents des conseils laïques et ecclésiastiques de Toulouse, de Paris, de Lyon et d'autres villes de France qui, ayant lu cet ouvrage, n'y avez trouvé rien à reprendre; et vous aussi qui occupez des postes très-élevés et qui avez envoyé vos félicitations à son auteur, venez tous et si cela est vrai, permettez-moi que je vous dise dans ma modestie : Est-ce vrai que vous n'y voyez rien? *Adhuc et vos sine intellectu estis?* Etendez-donc vos mains, placez vos doigts sur la p. 124, et tâtonnez ce N comme un navire et ce B aussi grand qu'une vache de Suisse, et peut-être votre tact vous fera comprendre ce que vos yeux n'ont pas atteint. Faites plaisir à M. le comte Reinilom de Sneruab qui vous prie de faire une grande attention pour recueillir un enseignement le plus sérieux. *Nota bene.* La puissance particulière de saint Joseph contre le démon vient sans doute de ce qu'il a été déclaré le protecteur de l'Eglise universelle. M. l'Anonyme-hardi, mettez-vous le dans l'œil. Ne vous apercevez-vous pas encore des hérésies renfermées dans trois lignes? Votre tact ne s'en aperçoit-il non plus? Cependant elles sont bien palpables

Mais laissons pour un moment la parole à la logique, elle vous en dira les conséquences. Donc, saint Joseph n'avait pas encore cette puissance lorsqu'on prétend qu'il délivra la possédée : donc il ne la délivra pas. Attachez-vous-les au nez. Donc le Pape a donné à saint Joseph cette puissance contre le démon : donc le Pape a le pouvoir de donner aux saints une puissance que Dieu ne leur a pas donnée. Mais je crois qu'il vaut mieux dire : Donc, M. Reinilom de Sneruab ne sait pas ce qu'il dit dans son ouvrage, donc il est un de ces hommes dont l'Apôtre a dit : *Volentes esse legis doctores, non intelligentes neque quæ loquuntur, neque de quibus affirmant;* de ces hommes qui ambitionnent la qualité de maîtres et de docteurs de la loi et ils ignorent et n'entendent pas ce qu'ils disent et assurent si hardiment et sans en connaître ni même entrevoir les conséquences ; conséquences souvent très-graves !

J'aime à croire que ces hommes très-intelligents, très-savants et les plus éminents dont m'a parlé M. Reinilom de Sneruab ne sont que de *savantasses*, et qu'il m'en a parlé pour m'en imposer et pour se justifier lui-même. Mais quoiqu'il en soit, ils ne sont que des aveugles et guides d'aveugles. *Cæci sunt et duces cæcorum.* Qu'en dites-vous, M. l'Anonyme-hardi ? Les prêtres espagnols font-ils un monopole de la théologie ?

Autre enseignement. Aussi, nous dit encore M. le comte avec un air de maître accompli, les fidèles doivent redoubler des prières, surtout auprès de ce grand patriarche afin qu'il délivre le monde de l'influence diabolique. Comment ! M. l'Anonyme-hardi, plus qu'auprès de la très-sainte Vierge ! Est-ce que la grande puissance de la Mère de Dieu a fait son temps ? Est-ce qu'Elle n'est plus Celle dont l'Eglise a dit : *Quæ cunctas hæreses sola interemisti in universo mundo*, et dont l'Ecriture a dit aussi : *Ipsa conteret caput tuum ?* C'est saint Joseph, ajoute encore M. le comte, qui délivrera et sauvera l'Eglise. Quelle doctrine ! quel enseignement ! pauvre France ! pauvre France !

Autre enseignement dogmatique des plus sérieux. La grande puissance du démon, puissance incontestable d'accomplir non des choses surprenantes, non des illusions, non des faits réels, non des miracles *in sensu lato,* car tout cela est peu pour le diable, mais des miracles *vrais, évidemment vrais. Quœnam doctrina nova est hœc?* C'est la doctrine du dogmatiseur du *Diable révolutionnaire.* O ignorance ! ô légèreté ! ô hardiesse ! de quoi n'êtes-vous pas capables lorsque vous vous trouvez ensemble dans un même sujet !

C'est prodigieux, pourtant, nous dit-il, le diable oser se montrer, parler, agir, faire des miracles *(sic) (sic!)* en plein dix-neuvième siècle !... Qui l'aurait pensé? page 3. Les miracles diaboliques sont si *vrais ..* page 6. Ils ne sont que trop *vrais...* page 10. Il est certain que Satan peut accomplir des prodiges étonnants, de *vrais* miracles, page 126. Et il ajoute avec une pédanterie inconcevable, « nous allons démontrer cette thèse. » *Ibidem.*

O hommes, qui jouissez de la plus haute réputation en fait de théologie, et vous aussi, qui nous avez laissé ces œuvres qui ont une place distinguée dans nos bibliothèques pour notre instruction ; vous qui nous avez enseigné que le démon ne peut faire que des illusions et tout au plus des miracles apparents, c'est-à-dire, *quædam quæ res veræ aut vera facta sunt, sed non vera miracula,* venez, venez écouter M. Reinilom de Sneruab ; il va vous convaincre d'erreur. Le diable peut faire de *vrais miracles, non mira, sed vera miracula.* En voici les preuves palpables.

Emanation fétide avec odeur de soufre. Carmette est muette pour ce qui regarde les actes de la vie ordinaire ; mais quoiqu'elle ne sache pas même lire sa langue maternelle, elle répond en latin aux questions latines de l'exorciste.

Elle passe dix heures comme morte.

Fausse vision de saint Joseph ; Lucifer avoue plus tard sa fourberie.

Elle est miraculeusement cachée et retrouvée dans un tas d'herbe qui croissait dans la cour du presbytère. On ne la trouve nulle part. Elle était enterrée dans la paillasse fermée de son lit, tandis que le dessus était parfaitement arrangé.

Le matin on entend le démon menacer la

possédée. Pendant la nuit elle voit Satan la figure en feu.

Le démon lui fait faire un jeûne *miraculeux* de soixante-deux heures.

Voilà treize miracles du démon *évidemment vrais*. Les preuves en sont palpables, car il n'y a rien de si têtu que ces faits. Donc il est évident que le démon peut faire de *vrais* miracles. Donc tous les théologiens ont été dans l'erreur. Donc Lucifer avait raison lorsqu'il a dit : *Similis ero Altissimo :* Je serai semblable à Dieu.

Que dites-vous M. l'Anonyme-hardi de cette kirielle de miracles que votre ami nous vend pour de *vrais* miracles de Satan ? Mais dites-en tout ce qu'il vous plaira, je vais tout droit vous prouver que le démon ne peut en faire, un seul, et que dire le contraire c'est un blasphême, une hérésie.

Commençons donc par la définition du miracle, car, une besogne mal commencée ne termine pas bien. Qu'est-ce donc que le miracle ? Le miracle est une dérogation aux lois ordinaires de la nature. Voilà la définition que M. le comte lui a donnée. Mais par qui peut être faite cette dérogation ? Par Dieu lui-même ou par des êtres auxquels il en a donné le pouvoir, ajoute-t-il.

Mais quels sont ces êtres auxquels Dieu en a donné le pouvoir? L'a-t-il donné au démon? C'est là où M. le comte se confond en confondant les faits *vrais* ou réels avec les *vrais* miracles. Patientez, M. l'Anonyme-hardi, je vais parler un peu latin pour vous donner une leçon dont vous avez besoin et pour parler mieux la langue théologique. *A Deo solo fieri possunt vera miracula juxta illud psalmi 17 : Qui facit mirabilia solus. Ab angelis bonis, et sanctis fiunt moraliter, aut etiam instrumentaliter, juxta illud psalmi 29 : Mirabilis Deus in sanctis suis. A dæmone, Magis et Antichristo nulla fieri possunt vera miracula, sed tantum apparenter, immutando species sensuum aut objectorum, vel applicando celerrime activa passivis ut fecerunt Magi ad producendos serpentes, et vanas et ad alia signa facienda et sicut faciet Antichristus de quo ait Apostolus 2 ad thesalonicenses 2. Erit adventus ejus secundum opperationem Satanæ in omni virtute, et signis et prodigiis mendacibus.* Voilà, M. l'Anonyme hardi, la doctrine théologique que vous devez apprendre. Mais je crois que vous n'y mordez pas encore. Je m'expliquerai davantage.

Le démon peut faire *quædam quæ vera facta sunt sed non vera miracula, apparentia tantum, seu mendacia.* Or, entre *vera et*

mendacia seu apparentia il y a une contra-
diction palpable. Qui donc sera dans le
vrai, M. Reinilom de Sneruab, ou les
théologiens et l'Apôtre qui disent tout le
contraire? Il aura beau aller par les quatre
chemins, plus il parlera, plus il fera voir
son ignorance, et son hardiesse. Ce qui est
vrai n'est pas faux, et ce qui est faux n'est
pas vrai. Or, les miracles diaboliques d'après
l'avis commun des théologiens et d'après
l'Apôtre sont faux; donc ils ne sont pas
vrais *hoc implicat in terminis.* Donc M. Reinilom ne savait pas ce qu'il a dit et affirmé
dans plusieurs de ses pages; donc il est un
de ces hommes *volentes esse doctores non
intelligentes neque quæ loquuntur, neque de
quibus affirmant.*

Je vais finir, M. l'Anonyme-hardi, mais
ce ne sera qu'après vous avoir adressé les
questions suivantes. Laissant de côté toute
cette kirielle des miracles du démon que
M. le comte a la légèreté et la hardiesse
d'appeler de *vrais* miracles, je n'en prends
qu'un seul pour voir si vous avez la bonne-
foi et le sens commun. Croyez-vous que
l'abstinence de manger pendant deux jours
et demi est un jeûne miraculeux? Cependant, M. Reinilom de Sneruab, *auctoritate
propria et quasi loquens ex cathedra* nous dit

que c'est un jeûne miraculeux, ce qui a excité et excitera l'hilarité non seulement de tous les esprits forts, de toutes les grandes têtes libres-penseuses de l'univers, comme dit M. le comte, mais aussi de toutes les personnes qui ont le sens commun.

Résumons, épiloguons, concluons et finissons en recueillant la vraie morale et les enseignements dogmatiques les plus sérieux de M. Reinilom de Sneruab et de son *Diable révolutionnaire.*

1° Il est des diables qui ne sont pas révolutionnaires : donc il est des diables qui ne sont pas diables.

2° Il y a des démons qui ne sont pas *mauvais* : donc il y a des démons qui ne sont pas démons.

3° Ce diable, qui n'existe que dans la fantaisie de M. le comte, n'est pas la même chose que l'histoire de la possédée en question : donc son ouvrage est à double titre.

4° Nous étions dans l'erreur lorsque nous croyions que *Conclusion, Epilogue* et *Résumé* étaient à peu près la même chose.

5° M. le comte nous dit qu'il n'a pas la prétention de nous donner un livre écrit et coordonné selon les règles de la rhétorique ; mais peut-il se dispenser des règles du sens commun ?

1.

6° Il nous dit aussi qu'il ne faut demander ni logique, ni lumière, ni gravité au
démon qui est l'esprit d'erreur, de ténèbres ;
mais le public n'a pas le droit de demander
tout cela à qui écrit pour le public sur
des choses les plus graves et les plus délicates qui regardent la morale et la foi catholique ?

7° Pourquoi prendre pour épigraphe :
Que le diable se tienne debout à sa droite et
le laisser seulement sur la couverture du
livre sans qu'il paraisse dans le livre et sans
nous dire quelle est la droite à laquelle il
doit se tenir debout et sur qui retombe cette
malédiction ?

8° Le démon a une très grande puissance
contre l'homme, néanmoins, il est probable
qu'il n'en peut user sans la permission de
Dieu, néanmoins, il est certain qu'il n'en
peut faire usage sans la volonté de Dieu.
C'est-à-dire que ce qui n'est que probable à
la page 8 est certain à la page 130.

9° Saint Joseph a guéri Carmette lorsqu'il
n'en avait pas encore reçu la puissance du
Pape qui la lui a donnée deux ou trois ans
après : donc saint Joseph a fait un miracle
sans pouvoir le faire : donc le Pape peut
donner aux saints une puissance que Dieu
ne leur a pas donnée. *Nota bene.*

10° Les fidèles doivent donc redoubler de prières, surtout auprès de ce grand saint, afin qu'il délivre le monde de l'influence diabolique ; et c'est lui qui sauvera l'Eglise et la délivrera de la Révolution moderne et de ses suppôts. Donc les fidèles doivent redoubler de prières auprès de saint Joseph plus qu'auprès de la très-sainte Vierge : donc la très-sainte Vierge n'est plus ce qu'Elle était : donc la puissance de la Mère de Dieu est expirée ou est diminuée : Elle dont a été dit : *Ipsa conteret caput tuum* et dont l'Eglise a chanté et chante encore : *Quæ cunctas hœreses sola interemisti in universo mundo* a fait déjà son temps.

11° Le démon peut faire de *vrais* miracles, des miracles qui ne sont que trop *vrais*, des miracles *évidemment vrais* : donc tous les théologiens ont été dans l'erreur et nous ont trompés en nous enseignant que le démon ne peut accomplir que des faits vrais *vera facta non vera miracula ;* des faits étonnants, merveilleux, des miracles apparents, mais non des miracles *vrais :* donc il faut brûler les œuvres de théologie qu'ils nous ont laissés pour nous induire en erreur : donc l'Apôtre qui est *vas electionis et doctor gentium* nous a trompés lorsqu'il a appelé *mendacia* les miracles que l'Antechrist fera à l'aide de Satan : donc il faudra envoyer le *Diable révolutionnaire* de M. Reinilom de Sneruab aux séminaires, aux universités et aux couvents catholiques comme livre de texte pour y apprendre les dogmes qu'il renferme : donc ce qui a été jusqu'à présent un blasphéme, une hérésie est maintenant un dogme.

Voilà, M. l'Anonyme-hardi, la vraie morale et les enseignements dogmatiques les plus sérieux avec toutes leurs conséquences qu'un lecteur attentif peut recueillir de ce livre. Qu'en dites-vous? Ne pliez-vous pas encore? Je pourrais vous en dire davantage, mais j'en ai dit assez pour que tout homme de bonne foi et de sens commun répète avec moi : Il est prouvé jusqu'à l'évidence que le *Diable révolutionnaire* du comte Reinilom de Sneruab n'est pas autre chose qu'une œuvre qui s'écroule d'elle-même par sa base, une mixture merveilleuse de hâblerie pleine d'ignorances et de hardiesse, où le *oui* et le *non* sont une même chose, où le *vrai* et le *faux* ne diffèrent en rien, où le *possible* et *l'impossible* ont le même sens, où le *probable* et le *certain* sont synonymes. C'est un *multiloquium* de principes à l'envers et de doctrines au rebours, un *vaniloquium* de déraisonnements les plus visibles, une espèce de pièce confectionnée de plusieurs espèces de pièces de différentes étoffes cousues pêle mêle et sans dessus dessous, avec du fil de toutes les couleurs; un *salmigondis* parsemé de bêtises et de sottises les plus pitoyables, de contradictions et d'absurdités les plus palpables, de témérités et d'aberrations les plus visibles, de blasphèmes et d'hérésies les plus déplorables. C'est enfin un arsenal où les impies et les incrédules trouveront des armes pour soutenir leur incrédulité et leur impiété, et pour induire en erreur les ignorants et les naïfs.

J'ai prouvé aussi plus que suffisamment que M. Reinitom de Sneruab et vous aussi, M. l'Anonyme hardi, vous êtes de ces hommes qui ne doutent de rien, comme Monseigneur de Ségur a dit fort à propos dans une pareille occasion, qui ne veulent rien entendre, qui en savent toujours plus long que les hommes les plus doctes : de ces hommes qui sabrent, qui tranchent les questions les plus épineuses, les plus graves, les plus délicates avec un aplomb imperturbable; de ces hommes dont l'Apôtre a dit : *Volentes esse legis doctores, non intelligentes neque quæ loquuntur, neque de quibus affirmant;* de ces hommes qui ambitionnent la qualité de maîtres et de docteurs et ignorent et n'entendent pas ce qu'ils disent et assurent si hardiment ; et qui, voulant soutenir ce qu'ils ont avancé au hasard, se répandent en de vains discours, qui prouvent de plus en plus leur hardiesse et leur ignorance, selon le même Apôtre. *Aquibus quidam aberrantes, conversi sunt in vanilaquium ;* de ces hommes enfin dont Jésus-Christ a dit : *Putant quod in multiloquio exaudiantur ;* qui se persuadent qu'en parlant beaucoup ils seront écoutés.

Et cependant, hélas ! ce livre a été écrit pour la gloire de saint Joseph, et pour instruire les fidèles, et pour combattre la *Révolution moderne !* Et son auteur l'a mis entre les mains de ce grand patriarche et après l'avoir mis entre ses mains, il l'a déposé à ses pieds, mais il ne nous dit pas s'il l'a mis aussi sur ses genoux, et sur ses épaules et sur sa tête. Et M. le comte espère que saint Joseph voudra bien accepter la dédicace de cet ouvrage. Et il m'a dit que les hommes les plus intelligents et les plus savants et les plus éminents des conseils ecclésiastiques de France n'y ont rien trouvé à reprendre. Je ne le crois pas, mais si cela était vrai, je leur dirais avec pitié *Quommodo legis ?* Comment lisez-vous ? Et j'y ajouterais sans crainte d'être démenti : *sinite illos, quia cœci sunt et duces cœcorum.* Et

M. Reinilom de Sneruab veut que le produit de ce livre soit destiné au *Denier de Saint-Pierre*. L'intention est bonne, mais *non sunt facienda mala ut veniant bona. Non licet mittere eos in corbonam quia prœtium sanguinis est.* On ne doit pas faire du mal pour qu'il en résulte du bien. Il n'est pas permis de mettre cet argent dans le trésor, parce que c'est le prix du sang. Il dit aussi que les prêtres italiens partagent ses idées, mais je ne le crois pas. Que M. Reinilom de Sneruab n'aime pas à plaisanter; mais moi, je ne crains pas ses menaces : que nous prêtres espagnols, nous faisons un monopole de la théologie. Eh bien ! je dis *quod scripsi, scripsi.* Et je finis en disant : Avec des docteurs et des prédicateurs comme M. le comte Reinilom de Sneruab, pauvre France ! pauvre France !! pauvre France !!!

J'ai fini mon abrégé, et je veux bien vous faire plaisir en l'envoyant à vos professeurs, M. l'*Anonyme-hardi*, seulement que ce ne sera pas mon manuscrit que j'aurais l'honneur de mettre entre leurs mains et entre celles de Monseigneur. Je vais le faire imprimer pour le mettre entre mains de bien d'autres que vous ne pensez pas. On lira tout ce que j'ai écrit, et Français et Italiens en jugeront et seront à même de dire, si nous, prêtres espagnols, nous faisons un monopole de la théologie; et si nous avons besoin de nous entendre dire une bonne fois ce « *Et nunc, sacerdotes Hispani, intelligite, et erudimini.....* » que vous nous promettez avec tant d'assurance et de hardiesse.

En attendant, j'ose vous donner, dans ma modestie les conseils suivants :

1° Ne vous amusez plus à écrire des *anonymes* pour mortifier les prêtres de l'*Espagne catholique*, comme vous l'appelez ironiquement.

2° N'employez pas votre temps, qui n'est pas à vous, à écrire et à vendre des erreurs, des blasphèmes et des hérésies ; employez-le à étudier votre catéchisme catholique et ne faites plus des catéchismes de Satan.

3° Laissez aux prêtres capables la tâche honorable d'attaquer la *Révolution*, et ne fournissez pas aux incrédules et aux impies des armes pour faire la guerre à la *Religion* et à ses ministres.

4° Apprenez à être disciple avant que d'être maître et docteur, et alors, vous ne serez pas du nombre de ceux dont l'Apôtre a dit : *Volentes esse legis doctores, non intelligentes neque quæ loquuntur, neque de quibus affirmant;* ni de ceux dont Jésus-Christ a

dit : *Putant quod in multiloquio exaudiantur.*
Voulant être docteurs de la loi, ils ne comprennent pas ni ce qu'ils disent, ni ce qu'ils affirment : ils croient qu'en parlant beaucoup on les croira.

Toulouse, imp. Édouard Privat, rue Tripière, 9. — 131.